ESTACIONES

EL INVIERNO

por Mari Schuh

AMICUS | AMICUS INK

hielo

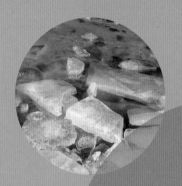

zorro

Busca estas palabras
e imágenes conforme
lees el texto.

rastros

árbol

El aire frío llegó para quedarse.

Se acabó el otoño.

¡El invierno ha comenzado!

Los días de invierno son cortos.

El sol se pone temprano en la noche.

Mira el hielo. Es duro y grueso.
Los lagos se congelan
en el invierno.

hielo

zorro

Mira al zorro.

Los zorros árticos marrones se vuelven blancos en el invierno. Ahora se confunden con la nieve.

rastros

Mira los rastros.

Un conejo pasó por aquí.

Estuvo buscando ramitas

para comer.

árbol

Mira los árboles.

Estos fresnos están desnudos.

No les crecen las hojas en invierno.

El invierno es helado. Algunos
niños hacen muñecos de nieve.
¡Los niños se divierten en la nieve!

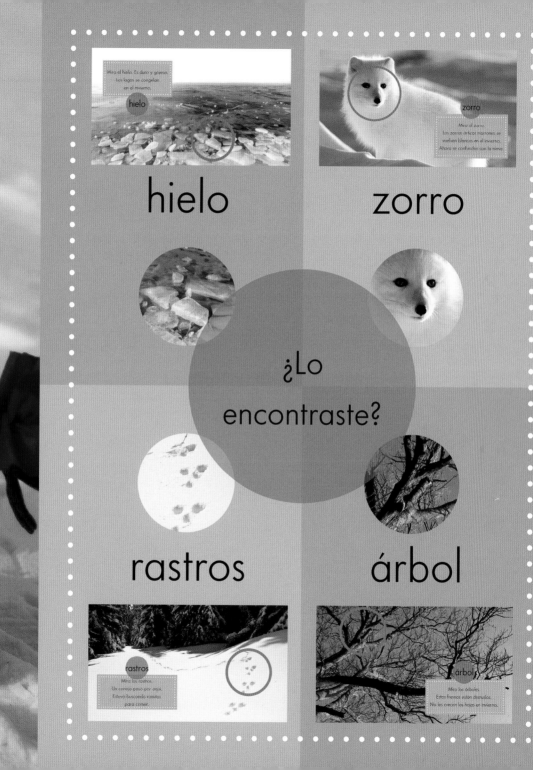

hielo

zorro

¿Lo encontraste?

rastros

árbol

Spot es una publicación Amicus y Amicus Ink
P.O. Box 1329, Mankato, MN 56002
www.amicuspublishing.us

Información del catálogo de publicaciones de la biblioteca del congreso
Names: Schuh, Mari C., 1975- author.
Title: El invierno / by Mari Schuh.
Other titles: Winter. Spanish
Description: Mankato, MN : Amicus/Amicus Ink, [2019] | Series: Spot. Estaciones | Audience: K to Grade 3. | Includes bibliographical references and index.
Identifiers: LCCN 2018002415 | ISBN 9781681516295 (library binding : alk. paper)
Subjects: LCSH: Winter–Juvenile literature. | Seasons–Juvenile literature.
Classification: LCC QB637.8 .S37718 2019 | DDC 508.2–dc23
LC record available at https://lccn.loc.gov/2018002415

Impreso en China

HC 10 9 8 7 6 5 4 3 2 1

Rebecca Glaser, editora
Deb Miner, diseñador de la serie
Veronica Scott, book diseñador
Holly Young, investigación fotográfica

Créditos de Imagines: Alamy/Liz Garnett, 12–13, Radius Images, 10–11; Getty Images/John E Marriott, 8–9; Shutterstock, cubierta, 1, 3, 4–5, 6–7, 14

EL INVIERNO